LE

CRI DES ÉLECTEURS

DE

MIL HUIT CENT VINGT-SEPT !

ADRESSE AU ROI, AUX PAIRS DE FRANCE ET AUX DÉPUTÉS DES DÉPARTEMENS;

Suivie de la

DÉCLARATION DE SAINT-OUEN

ET DE LA

CHARTE CONSTITUTIONNELLE;

PAR

M. A. ADOLPHE LEGRAND,

AVOCAT A LA COUR ROYALE DE PARIS, ÉLECTEUR DU GRAND COLLÉGE DANS LE DÉPARTEMENT DE LA SEINE-INFÉRIEURE.

> Celui qui veut plus que la Charte, moins que la Charte, autrement que la Charte, celui-là manque à ses sermens.
>
> LE GÉNÉRAL FOY.
>
> *Abyssus, abyssum invocat.*

PRIX : 1 FR. 25 C.

PARIS.

CHEZ LEVAVASSEUR, LIBRAIRE, PALAIS-ROYAL.

DIEPPE.

CHEZ MARAIS FILS,

LIBRAIRE DE S. A. R. MADAME, DUCHESSE DE BERRY.

1829

IMPRIMERIE DE DAVID
boulevard Poissonnière, n. 6.

LE

CRI DES ÉLECTEURS

DE

MIL HUIT CENT VINGT-SEPT!

VIVE LA CHARTE! et qu'on n'aille pas, comme on le fit naguère, nous imputer à crime ce cri parti du cœur, dans les plus honorables intentions. VIVE LA CHARTE! en ce qu'elle est le PALLADIUM de la dynastie régnante contre les efforts de la malveillance, si tant est que la malveillance n'ait pas donné sa démission à l'antique famille de nos rois. VIVE LA CHARTE! en ce qu'elle est le plus solide appui du trône, en ce qu'elle assure le maintien des droits de la couronne et des prérogatives royales. VIVE LA CHARTE! en ce qu'elle est la plus forte garantie de l'ordre public, des imprescriptibles droits du peuple, hautement reconnus, et de la liberté; non de la liberté qui tue, mais de la liberté qui vivifie toutes les institutions humaines. VIVE LA CHARTE! en ce qu'elle a comblé l'abîme des révolutions.

Depuis quinze ans, ils disent, redisent et diront à perpétuité que rien de plus facile n'était à Louis XVIII que de ne point céder aux vœux de son peuple réclamant l'avantage d'une constitution qui le fît jouir des bienfaits du gouvernement représentatif; qu'à l'époque de leurs désastres, les Français, façonnés au despotisme, et passant du régime du sabre sous un joug plus léger, auraient cent fois le jour béni la main douce et paternelle d'un Bourbon, heureux de sentir s'oblitérer l'empreinte du gantelet de fer qui maîtrisait leurs mouvemens comprimés.

Sans vouloir approfondir la question de savoir si effectivement le Roi n'a pas dû, dans l'intérêt du trône, « apprécier les effets toujours croissants des lumières, les rapports nouveaux que ces progrès avaient introduits dans la société, et la direction imprimée aux esprits depuis un demi-siècle », nous acceptons comme un fait que la restauration eût pu se soutenir d'elle-même et sans le secours d'une constitution; nous acceptons comme un fait qu'il y avait assez de désintéressement dans le cœur du peuple français, pour que le peuple français ne se rappelât que ses devoirs sans songer qu'il fût en possession d'aucun droit : dans ce cas, pourquoi, lorsque sa volonté était indépendante des circonstances, pourquoi le Roi n'a-t-il pas reconstitué son gouvernement avec les instrumens brisés du pouvoir absolu? Nous le leur dirons :

Le premier besoin des Bourbons est l'affection, le bonheur et la force de leur peuple. Puis, il importe aux rois, en qui de hautes pensées sont les pensées dominantes, qui sont incessamment entraînés aux mouvemens d'une grande âme, et qui veulent jeter de l'éclat jusque hors de la sphère de leur activité, d'avoir juste sujet de se glorifier des peuples sur lesquels ils règnent; mais pour qu'ils aient sujet de mettre leur gloire dans les peuples auxquels ils commandent, il est de toute nécessité que ces peuples soient fiers, grands, forts et pleins d'énergie. Pour qu'un peuple soit fier, grand, fort, plein d'énergie, et par conséquent capable de donner du poids aux paroles de paix ou de guerre jetées par son Roi dans la balance où se pèsent les destinées des nations, il est de toute nécessité que ce peuple soit heureux, et que, libre des entraves de la tyrannie des agens subalternes, la plus insupportable de toutes, il ait des droits à faire valoir, condition première pour être heureux ; il importe donc aux rois de faire le bonheur de leurs peuples. Qui niera que Louis XVIII eût beaucoup de cette vertu qui fait les grands rois !

Il est donc vrai que Louis XVIII s'était dit qu'un monarque étant également père de tous ses sujets, il n'avait nul motif de préférence exclusive, conséquemment raison aucune d'accorder tout aux uns et rien aux autres, convaincu qu'il était d'ailleurs, que ce n'est pas de ceux à qui l'on donne beaucoup que l'on tire le plus de services réels. Ce Roi philosophe, méditant sur l'histoire de la monarchie française, avait sérieusement réfléchi aux luttes que le trône avait eu à soutenir contre les grands vassaux de la couronne. En même temps, nulle part il n'avait vu le peuple hostile à ses rois; car Louis XVIII avait une trop grande portée de vue pour ne s'être pas assuré que la mémorable révolution de 1789 n'avait pas été faite en haine du monarque, mais bien en haine des privilégiés, qui, à tant d'époques, avaient tourné les priviléges qu'ils tenaient de la monarchie, contre la monarchie elle-même. Toutes ces ligues pertubatrices de la minorité de nos rois; l'autre et plus formidable ligue, dite *la Sainte*; avant celle-ci, les Barricades; plus tard, la Fronde; tous ces troubles enfin par qui l'on bouleversait la France et l'on ébranlait le trône jusque dans sa base; toutes ces insurrections dans lesquelles figuraient à main armée les hommes du tiers, dupes des jongleries de ceux qui les remuaient, le philosophe couronné ne les attribuait point au peuple; car il savait qu'ils n'avaient point eu pour objet la défense des intérêts populaires.

Il avait vu que sous Louis-le-Gros, « le domaine qui appartenait immédiatement au Roi se réduisait au duché de France, qui comprenait la ville de Paris, quelques autres villes et environ une trentaine de seigneuries; et que le reste était en propriété aux grands vassaux qui, à la vérité, en faisaient hommage au Roi, mais qui, à cela près, se conduisaient presque en maîtres dans leurs seigneuries et y exerçaient une espèce de souveraineté. »

Il avait vu que les vassaux du Roi ne se faisaient pas faute de tenir tête à leur seigneur-suzerain, et que « le seul château du Puiset avait coûté trois années de guerre à Louis-le-Gros. »

Il avait vu que « ce prince, le premier qui commença à reprendre l'autorité dont ses vassaux s'étaient emparés, n'en était venu à bout que par l'établissement des communes, l'affranchissement des serfs, et en dominant l'autorité des justices seigneuriales. »

Et il peusa qu'il était bon que le peuple eût des droits et fût libre.

Il avait vu que « saint Louis, près de s'embarquer pour la cinquième croisade, envoya tous les barons de son royaume à Paris, pour leur faire prêter serment que, s'il arrivait faute de lui dans son voyage d'outre-mer, ils s'engageraient à reconnaître ses enfans pour ses successeurs; et que Joinville, qui sûrement était bien attaché au roi, ayant été convoqué comme les autres, avait dit : *Moi qui n'étais point sujet à lui, ne voulus point faire de serment, et aussi n'était point mon intention de demeurer.* Sur quoi du Cange, dans ses dissertations XIII et XIV, établit solidement que c'était une suite de la loi des fiefs, qui défendait aux arrières-vassaux de rendre ni serment, ni hommage, à raison de leurs fiefs, à leur seigneur dominant, ne devant reconnaître que leur seigneur immédiat, dont ils étaient spécialement les sujets. »

Et Louis XVIII s'était écrié avec le président Hénault : « Étrange effet de l'autorité usurpée ! »

Et il pensa que saint Louis avait eu raison de rendre cette ordonnance, datée de Saint-Gilles (1254), par laquelle LES TROIS ÉTATS étaient consultés, quand il était question de matières où le peuple avait intérêt.

Il avait vu que Philippe-le-Bel, qui, à l'exemple de son prédécesseur, avait confirmé et étendu les droits des communes, avait rendu le parlement sédentaire, et que, selon Loiseau, « l'institution des parlemens nous avait sauvés d'être cantonnés et démembrés comme en Italie et en Allemagne, et avait maintenu le royaume en son entier. »

Et il pensa qu'il était bon qu'il y eût des institutions qui assurent l'unité du peuple.

Il avait vu que l'ordre judiciaire avait été établi et développé par les lois de Louis XI, ce sombre monarque dont le pouvoir fatal aux grands était, dit Comines, naturellement ami des gens de moyen état. Il avait vu que les lois de Henri IV et de Charles IX avaient également aidé à l'établissement et au développement de cet ordre judiciaire, si favorable aux masses, car c'est seulement dans les lois, tout imparfaites qu'elles sont, que les masses trouvent repos et sécurité. Il avait vu enfin que Louis XIV avait réglé presque toutes les parties de l'administration publique.

Et il pensa qu'il était bon qu'à son tour il reconnût des droits à son peuple, afin qu'heureux de remplir ses devoirs de fidèle et loyal sujet, il pût au besoin se soustraire aux folles prétentions des délégués de la couronne, aux très-folles prétentions des subalternes de ces délégués, et aux plus folles prétentions des gens de haute lignée, s'il s'en trouvait qui voulussent s'arroger une autorité en dehors de toute autorité, et afin qu'il pût immanquablement s'y soustraire, en s'appuyant sur des institutions octroyées à toujours ; de telle sorte que son peuple ne fût plus forcément amené, comme autrefois, à s'écrier à tout propos : « Si le roi le savait ! » et qu'en repoussant de toute la force de son droit les actes arbitraires, et en obtenant justice, même des gens du Roi, il se plût, dans la gratitude de son cœur, à crier toujours : « Vive le Roi ! »

Et nous abîmant dans les profondeurs des hautes pensées royales, nous dirons avec le roi-législateur : Viennent des hommes loyaux et fidèles sujets (comme ils disent) qui, proclamant la nécessité de l'omnipotence législative et exécutive dans les mains d'un seul, démontrent que, sous peine de déchéance de la royauté, le roi, maître de tous, doit imposer des devoirs à tous et ne reconnaître de droits à aucun ; que conséquens avec eux-mêmes, ils déposent au pied du trône les droits et priviléges de leurs charges et de leurs emplois, les avantages de leur naissance, de leur rang et de leurs honneurs ; et qu'en mettant ainsi d'accord leurs actes avec leurs paroles, ils s'appliquent à rallier leurs concitoyens à ce principe commun à tous ; alors nous pourrons être tentés de croire au dire de ces loyaux et fidèles sujets.

Mais, eux, pour la plupart sans considération politique, à coup sûr sans titres personnels à la confiance, désavoués de toutes les classes sur lesquelles la loi appelle le respect; qui ne sont rien dans l'état, eux fanfarons de royalisme, qui proclament l'absolutisme des rois, parce qu'ils savent l'impossibilité où, le cas échéant, est un roi d'exercer ce pouvoir par lui-même, et qu'ils espèrent que par cela même une portion de l'autorité royale tomberait dans leurs mains, croient-ils donc faire des dupes?

Faire des dupes! eux! aujourd'hui! Non, non, mille fois, non. Le temps éclaircit tout. Depuis quinze ans, nous avons fait sérieuse et fructueuse étude des hommes et des choses; nous connaissons les amis du Roi. Eux dévoués au Roi!.. Mais toutes les fois que, depuis 1814, ils se sont trouvés par eux-mêmes ou par les leurs, à la tête des affaires, uniquement appliqués à river des fers pour l'entrave des libertés publiques, ont-ils pris soin de rendre l'autorité royale plus forte? Non; leurs efforts n'ont eu qu'un seul but, celui d'établir et de fortifier la tyrannie hors du cercle de l'autorité, afin de conquérir l'insolente impunité du bon plaisir et de parvenir à rompre la digue opposée par nos lois aux usurpations de tous; puis encore, c'est au profit de nous ne savons quel pouvoir occulte qu'ils ont exercé l'autorité du Roi. L'hypocrite modestie de leur orgueil est percée à jour.

Quant à nous, nous le disons à voix haute : Que si, par impossible, on tire du néant l'absolutisme, que personne ne s'interpose entre le monarque et nous ; que le Roi soit partout, au nord, au midi, aux quatre extrémités de la France, dans chaque département, chaque ville, chaque village, chaque bourgade ; que nous le voyions, que nous le touchions, que nons sentions sa main protectrice s'étendre entre nous et et les courtisans, nos oppresseurs nés ! que ce soit lui qui juge nos différends, et non pas eux ! nous bénirons encore l'arbre de Vincennes. Mais, autre temps, autres mœurs ; Louis XVIII l'a dit dans le préambule de la Charte. VIVE LA CHARTE !

Mais aujourd'hui, eux aussi crient : vive la Charte ! D'où vient que les mêmes cris, partis de deux extrémités opposées, au lieu de se confondre pour n'en former qu'un seul, se heurtent pour ainsi parler comme au milieu de deux camps ennemis, et produisent explosion de haine, de sarcasmes et de mépris ? Serait-ce parce qu'en effet les uns voient dans ce monument de la prévoyance royale, l'acte de la haute sagesse qui établit les devoirs et les droits de chacun, tandis que les autres n'y veulent voir que des jalons jetés au profit du despotisme de courtisans titrés, au grand détriment du peuple et pour le plus grand affaiblissement de l'autorité royale?

Si les hommes de l'ancienne et de la nouvelle France ne peuvent s'entendre sur la véritable acception des mots, malgré leurs argumentations pour ou contre, et peut-être même à cause de leurs argumentations, ne serait-il pas raisonnable à eux de recourir à la haute pensée qui a présidé à la rédaction de ce pacte fondamental; et au lieu d'errer à l'aventure dans l'interprétation de notre code politique, ne feraient-ils pas mieux, tout commentaire mis à part, de s'adresser directement au roi-législateur, si le roi-législateur a pris lui-même la peine de dire, avant et après l'octroi de cette Charte, dans quel esprit elle avait été méditée et rédigée par lui?

Un monument de la sagesse royale est là, debout' pour servir de phare et pour éclairer nos investigations avant la Charte. Ce monument porte le millésime de 1814 et la date du 2 mai. Louis XVIII, écrivant de Saint-Ouen, déclare que, résolu d'adopter une constitution LIBÉRALE, il lui donnera les garanties suivantes :

« Le gouvernement représentatif sera maintenu tel qu'il existe aujourd'hui, divisé en deux corps, savoir : le sénat et la chambre, composée des députés des départemens. »

Cette déclaration spontanée du roi-législateur, et lorsque rien ne l'obligeait à la faire, n'était point une illusion dont il cherchait à leurrer son peuple : en effet, entré à Paris deux jours après, tranquille sous la sauve-garde de douze cent mille baïonnettes étrangères, et ce qui était plus rassurant, entouré de l'amour de ses sujets, il médite sur l'opportunité d'accorder ou non le bienfait promis ; et dans les articles 24 et 35 de la Charte constitutionnelle, il appelle au partage de la puissance législative la chambre des pairs et la chambre des députés des départemens.

« L'impôt, avait-il déclaré, sera librement consenti. »

Et il consacre ce principe dans l'article 48 de la Charte. Allant plus loin, il fait précéder cet article d'un autre qui dispose : « La chambre des députés reçoit toutes les propositions d'impôts ; ce n'est qu'après que ces propositions ont été admises qu'elles peuvent être portées à la chambre des pairs. »

« La liberté publique et individuelle sera assurée, » avait-il dit encore.

Et ce principe est consacré dans les articles 1, 2, 4 et 62 de la Charte constitutionnelle.

« La liberté de la presse sera respectée, sauf les précautions nécessaires à la tranquillité publique, » avait-il dit.

Et l'article 8 de la Charte dispose : « Les Français ont le droit de publier et de faire imprimer leurs opinions, en se conformant aux lois qui doivent réprimer les abus de cette liberté. »

Il avait dit : « La liberté des cultes sera garantie. »

Aussi la Charte constitutionnelle dispose-t-elle dans son article 5 : « Chacun professe sa religion avec une égale liberté, et obtient pour son culte la même protection. »

« Tout Français sera admissible aux emplois civils et militaires, » est un des principes de la déclaration de Saint-Ouen.

Aussi le Roi, rédigeant la Charte constitutionnelle, établit-il en principe, article 3 : « Les Français sont tous également admissibles aux emplois civils et militaires. »

La déclaration de Saint-Ouen promet la responsabilité des ministres. L'article 13 de la Charte constitutionnelle établit cette responsabilité.

La déclaration de Saint-Ouen dit que « les ministres responsables pourront être poursuivis par l'une des chambres législatives, et jugés par l'autre. »

L'article 55 de la Charte dispose : « La chambre

des députés a le droit d'accuser les ministres, et de les traduire devant la chambre des pairs, qui seule a le droit de les juger. »

La déclaration de Saint-Ouen porte : « Les juges seront inamovibles, et le pouvoir judiciaire indépendant. »

Aux termes de l'article 58 de la Charte, « les juges nommés par le Roi sont inamovibles. »

Pour tout dire en un mot, Louis XVIII déclare, dans sa proclamation datée de Saint-Ouen, qu'il est résolu d'adopter une CONSTITUTION LIBÉRALE ; il y détaille les garanties qu'il lui donnera pour base ; et il n'est pas un principe établi dans cette déclaration qui n'ait reçu sa sanction dans LA CHARTE CONSTITUTIONNELLE ET LIBÉRALE que le Roi avait promise à son peuple, et que, par le libre exercice de son autorité royale, il a accordée, FAIT CONCESSION ET OCTROI à ses sujets, TANT POUR LUI QUE POUR SES SUCCESSEURS ET A TOUJOURS.

Que si, en désespoir de cause, on était encore en doute sur L'ESPRIT qui a présidé à la rédaction de la Charte, on n'a qu'à consulter le préambule de ce chef-d'œuvre des temps modernes, pour avoir une conviction pleine, entière.

Que dit le roi-législateur dans ce préambule ? Après avoir cité les rois de France qui n'ont point hésité à modifier l'exercice de leur autorité, suivant la différence des temps; après avoir cité en fait que c'est ainsi que les communes ont dû leur affranchissement à Louis-le-Gros, la confirmation et l'extension de leurs droits à Saint-Louis et à Philippe-le-Bel; que l'ordre judiciaire a été établi et développé par les lois de Louis XI, de Henri II et de Charles IX; que Louis XIV enfin a réglé presque toutes les parties de l'administration publique, il ajoute :

« Nous avons dû, à l'exemple des rois nos prédécesseurs, APPRÉCIER LES EFFETS TOUJOURS CROISSANTS DES LUMIÈRES, les rapports nouveaux que ces progrès ont introduits dans la société, LA DIRECTION IMPRIMÉE AUX ESPRITS DEPUIS UN DEMI-SIÈCLE, et les graves altérations qui en sont résultées : NOUS AVONS RECONNU que le vœu de nos sujets pour une Charte constitutionnelle ÉTAIT L'EXPRESSION D'UN BESOIN RÉEL; mais en cédant à ce vœu, nous avons pris toutes les précautions pour que cette Charte fut digne de nous et du peuple auquel nous sommes fiers de commander. »

Plus bas, il ajoute : « En même temps que nous reconnaissions qu'une CONSTITUTION LIBRE ET MONARCHIQUE devait remplir l'attente de l'Europe éclairée, nous avons dû nous souvenir aussi que notre premier devoir envers nos peuples était de conserver pour leur propre intérêt les droits et les prérogatives de notre couronne. »

Le mot y est : c'est une constitution LIBRE qui nous a été octroyée. VIVE LA CHARTE! VIVE LA CHARTE!!!

Que si encore il en est qui s'obstinent à nier L'ESPRIT vraiment LIBÉRAL dans lequel la Charte a été méditée, rédigée et octroyée, les paroles du roi-législateur ne nous manqueront pas pour l'explication claire et précise de sa royale pensée. Il suffira d'un coup-d'œil, jeté sur quelques citations des discours de la couronne aux grands corps de l'état assemblés, pour s'assurer que nous n'encourons point reproche d'assertions téméraires. Nous avons déduit nos premières preuves de monumens consignés au MONITEUR avant la Charte; restent les preuves déduites de monumens également consignés au MONITEUR après la Charte.

Traversons rapidement une époque désastreuse; les paroles du Roi, dont citation sera faite ensuite, n'en seront que plus explicites.

En 1814, des hommes qui, en pensée, ressuscitaient le règne du bon plaisir, et qui ne criaient : vive le Roi! qu'à la condition tacite de cette résurrection hideuse, disaient hautement que la Charte n'était qu'un leurre, et que dans tous les cas, bien interprétée, elle satisferait à toutes leurs prétentions; ils avaient semé la défiance et préparé les esprits aux événemens des cent jours. Vinrent ensuite des orateurs en 1815 qui, du haut de la tribune nationale, perpétuant cette défiance, donnèrent effectivement du code politique une interprétation de par laquelle les Français eussent envié à Constantinople, Maroc et Alger, les douceurs du régime paternel de leurs sultans. C'est ainsi qu'ils suspendirent la liberté individuelle, qu'ils voulurent enchaîner la liberté des votes, qu'ils établirent la censure, et qu'ils ne virent enfin que des lois draconiennes qui pussent, comme institutions organiques, dériver immédiatement de la Charte constitutionnelle.

Ils n'étaient point gens à s'arrêter en un chemin pour eux d'une pente si douce; et en un léger trait de temps, ils eurent remis le pacte fondamental même en question : ni l'âge de l'éligibilité, ni le renouvellement par cinquième de la chambre des députés ne leur convenaient, et ils allèrent enfin jusqu'à vouloir réviser les articles 16, 25, 35, 36, 37, 38, 39, 40, 41, 42, 43, 44, 45 et 46 de la Charte constitutionnelle. Il faut le dire, toutefois : une ordonnance, en date du 13 juillet 1815, avait donné lieu à cette singulière prétention des soi-disant amis de la royauté. Louis XVIII, trompé par ceux qui l'entouraient sur les vœux de son peuple, dont il voulait se montrer l'ami comme il s'en était déclaré le père, croyait que réellement l'opinion publique s'était manifestée en faveur de la révision de ces articles; mais bientôt revenu de cette erreur qui n'était pas la sienne, il avait dit aux pairs de France et aux députés des départemens, dans la séance royale du 7 octobre 1815 :

« C'est avec une joie et une pleine confiance que je vous vois rassemblés autour de moi; certain que vous ne perdrez jamais de vue les bases fondamentales de la félicité de l'État; union franche et loyale des chambres avec le Roi et RESPECT POUR LA CHARTE CONSTITUTIONNELLE; cette Charte que J'AI MÉDITÉE AVEC SOIN AVANT DE LA DONNER; à laquelle la réflexion m'attache tous les jours davantage, que J'AI JURÉ DE MAINTENIR, et à laquelle vous tous, à commencer par ma famille, allez jurer d'obéir, est sans doute comme toutes les institutions humaines susceptible de perfectionnement; mais aucun de vous ne doit oublier qu'AUPRÈS DE L'AVANTAGE D'AMÉLIORER EST LE DANGER D'INNOVER. »

Tout cela était clair et précis, mais ces hommes qui depuis longues années font grand bruit de l'initiative royale et des autres prérogatives de la couronne, dont ils se disent les gardiens exclusifs, les respectèrent-ils alors? Non; aux projets de loi qui leur étaient soumis, ils en substituaient d'autres, dans lesquels on trouvait à peine le principe des propositions royales. C'est ainsi que le Roi proposait le mode d'exécution d'une disposition de la Charte; et que par amendement, ils adoptaient l'anéantissement de cette disposition; c'est ainsi que le Roi proposait de donner force de loi à un article de l'ordonnance précitée, et de modifier *provisoirement* deux articles de la Charte; et que par amendement, ils donnaient force de loi à la totalité de cette ordonnance et décrétaient législativement la révision nécessaire de quatorze articles de la Charte.

Que de citations nous fournirait toute la session de 1815, si nous voulions démontrer jusqu'au dernier degré d'évidence de combien peu de poids est pour eux l'initiative qu'ils proclament! Est-ce le Roi-législateur qui eût jamais songé à traquer la France en harcelant de lois sanguinaires son peuple divisé en catégories! Non, à eux seuls pouvait venir une pensée aussi profondément atroce : c'est à l'initiative du pardon et de l'oubli qu'ils opposèrent l'initiative des fers, des supplices, des bourreaux et de la mort!!!

Mais le Roi-législateur a pensé à tout en méditant la loi fondamentale. Dans un gouvernement représentatif, quand il y a opposition entre la chambre des députés et les ministres, il arrive de deux choses l'une, ou ce sont les représentants qui ont mal compris leur mission, ou c'est le ministère qui a compromis sa responsabilité; ces deux choses peuvent aussi arriver en même temps : « si le ministère s'est rendu odieux, alors les représentants, en refusant ses propositions, suspendent d'abord sa marche; et cependant le monarque veille : s'il pense que les députés se montrent les organes infidèles de la volonté nationale, il dissout la chambre, convoque les colléges électoraux et y fait examiner le débat important; si le ministère est réellement odieux, les électeurs nomment les mêmes représentants ou d'autres qui porteront encore plus de fermeté dans leurs discussions, et bientôt les ministres, en se retirant, préviennent les ordres du monarque. »

En 1815, les deux choses arrivèrent simultanément : les représentants avaient mal compris leur mission, et le ministère était odieux. Le Roi-législateur qui veillait, s'étant aperçu que plusieurs membres de son conseil appuyaient les réactionnaires qui voulaient anéantir la Charte, changea son ministère; et peu de temps après, il fit contre-signer par l'un des nouveaux ministres cette ordonnance libératrice du 5 septembre 1816, par laquelle il dissolvait la chambre des députés et faisait un nouvel appel aux électeurs.

Et à deux mois de-là S. M. R. prononça dans la séance d'ouverture des chambres ces mémorables paroles :

« Attachés par notre conduite comme nous le sommes de cœur aux divins préceptes de la religion, soyons-le aussi à cette Charte qui, sans toucher au dogme, assure à la foi de nos pères la prééminence qui lui est due, et qui dans l'ordre civil, garantit à tous une sage liberté et à chacun la paisible jouissance de ses droits, de son état et de ses biens. JE NE SOUFFRIRAI JAMAIS QU'IL SOIT PORTÉ ATTEINTE A CETTE LOI FONDAMENTALE. »

Et en mémoire du Roi-législateur, nous, les soixante mille électeurs de France, nous crions : VIVE LA CHARTE ! VIVE LA CHARTE !

Mais eux encore disent : Qu'est-ce que tout cela prouve? où est le signe certain de cet ESPRIT LIBÉRAL que le Roi-législateur a reconnu à son œuvre? Il apparaît dans la loi du 5 février 1817, qui, en réglant le mode d'élection, admet selon le vœu de la Charte, l'intervention de la cité dans son gouvernement avec les limites que la loi lui impose.

Cette preuve ne souffre pas d'objection pour quiconque réfléchit que c'est immédiatement après la dissolution de cette chambre réactionnaire qui s'attachait à détourner la source de toutes nos libertés pour en faire jaillir des lois oppressives du peuple, que Louis XVIII a proposé et sanctionné ce code électoral où le texte même de la Charte est si admirablement observé.

Ils ne se rendent point encore. En effet, constitutionnellement parlant, notre raisonnement peut ne pas être sans réplique là où il y a contre-seing d'un ministre responsable. Rien sans doute, à moins de paroles authentiques sorties d'une bouche auguste, rien n'aurait pouvoir de les convaincre. Qu'à cela ne tienne : nous avons dit que les paroles du Roi-législateur ne nous manqueraient pas pour l'explication claire et précise de sa royale pensée.

Effectivement, S. M. a dit à l'ouverture des chambres pour la session de 1817 à 1818 : « J'ai fait rédiger conformément à la Charte une loi de recrutement. Je veux qu'AUCUN PRIVILÉGE NE PUISSE ÊTRE INVOQUÉ ; QUE L'ESPRIT ET LES DISPOSITIONS de cette Charte, notre véritable boussole, qui appelle indistinctement tous les Français aux grades et aux emplois, NE SOIENT PAS ILLUSOIRES. »

Qu'est-ce qui constitue le libéralisme? l'absence

du privilége; donc, VIVE LA CHARTE! VIVE LA CHARTE!!!

Le discours de la couronne à l'ouverture de la session suivante, offre encore ce passage frappant d'évidence :

« En recevant l'onction royale au milieu de vous, je prendrai à témoin le Dieu par qui règnent les rois, le Dieu de Clovis, de Charlemagne, de saint Louis; je renouvellerai sur les autels le serment d'affermir les institutions fondées par cette Charte que je chéris davantage DEPUIS QUE LES FRANÇAIS, PAR UN SENTIMENT UNANIME, S'Y SONT FRANCHEMENT RALLIÉS.

« Dans les lois qui vous seront présentées, J'AURAI SOIN QUE SON ESPRIT SOIT TOUJOURS CONSULTÉ, afin d'assurer DE PLUS EN PLUS LES DROITS PUBLICS DES FRANÇAIS, et de conserver à la monarchie la force qu'elle doit avoir POUR PRÉSERVER TOUTES LES LIBERTÉS QUI SONT CHÈRES A MON PEUPLE. »

Il nous serait facile de multiplier les citations et d'aller surprendre la pensée royale jusqu'au moment suprême où elle s'éteignit dans le deuil de la France. Nous croyons en avoir dit assez.

C'est ainsi que le Roi, QUI N'A JAMAIS PROMIS EN VAIN, tint sa promesse de donner une CONSTITUTION LIBÉRALE à son peuple, pour satisfaire au besoin réel de libéralisme qui a pénétré dans tous les esprits *par les effets toujours croissants des lumières et les rapports nouveaux que ces progrès ont introduits dans la société.* Après les cent jours, SA MAJESTÉ avait dit « qu'elle voulait tout ce qui sauverait la France. » En conséquence, elle a maintenu la Charte et s'est appliquée à en développer l'esprit libéral dans ses discours, dans ses propositions et dans ses actes. Ses regards mourants se sont tournés sans doute sur les feuillets de cette Charte, son plus beau titre aux yeux de la postérité, comme il l'appelait lui-même ; nous dirons, nous, son titre à l'immortalité, nous écriant aussi pour le salut de la France : VIVE LA CHARTE ! VIVE LA CHARTE !!!

Ils avaient dit : arrive un nouveau règne, et nous aurons bon marché de cette œuvre du démon, non consentie mais octroyée, jetée au milieu des Gaulois et des Francs pour l'effroi des amis du privilége. Qu'est-il advenu de leur espoir, injurieux à nos princes qui, à plusieurs reprises, avaient juré le maintien du pacte conciliateur ? CHARLES X, en montant sur le trône, a déclaré qu'il continuerait le règne de son auguste frère ; et cette fois son serment à la Charte a eu pour témoins à Rheims tous les représentans civils, politiques et autres du corps social !... Menteurs éhontés, les voilà convaincus de calomnie! que ceci leur soit dit encore une fois pour toutes : CE QUE LES BOURBONS ONT UNE FOIS OCTROYÉ, IL N'ENTRA JAMAIS DANS LEUR COEUR DE LE REPRENDRE.

Mais leurs traits calomniateurs qui sont allés se briser impuissants contre l'énergique protestation de la bonne foi souveraine, ils ne les ont pas laissés long-temps languir inactifs : après les avoir ramassés dans la fange où ils avaient roulé, après les avoir repassés au feu d'une haine plus ardente, et les avoir retrempés avec quelque peu plus d'art dans un venin plus corrosif, ils s'en sont de nouveau saisis ; c'est alors que, visant moins haut, ils crurent pouvoir porter des coups plus sûrs.

Ce furent néanmoins encore autant de traits perdus.

Ils nous accusaient de n'adopter de la Charte que ce qui est utile aux besoins de la démocratie, et de rejeter tout ce qu'elle renferme de principes propres à en arrêter le débordement, d'ailleurs impossible ; et ce qui est atroce, ils nous accusaient d'accepter le bienfait en repoussant la main bienfaitrice! Cela n'est pas vrai : nous, les soixante mille, nous ne séparons point le Roi d'avec la Charte!... Cela n'est pas vrai : nous, les soixante mille, libéraux, selon le cœur de Louis XVIII et de Charles X, nous ne séparons point la Charte d'avec son préambule!.. Nous reconnaissons pour sacré et respectons, sans arrière-pensée aucune, tout ce que la Charte a reconnu, respecté et consacré. C'est de nous surtout qu'on a pu dire à la tribune nationale : « Les libéraux se sont faits royalistes, et les royalistes se sont faits libéraux. » Les élections de 1827 sont en effet une déclaration de principes.

Lassés, mais non rassasiés de calomnie, force leur est donc de s'étudier à bégayer en les épelant, les articles de cette impérissable Charte. Dans l'impuissance de ravir au peuple ce pacte constitutionnel mis sous la sauve-garde des chambres, ils l'invoquent à leur tour pour préparer leurs moyens d'oppression, en essayant un système de déception qui fausse, sans le briser, l'instrument de liberté, dans la crainte des résistances légales des imitateurs de Hampden.

Et après méditation profonde, la constitution est monarchique! s'écrient-ils enfin, comme s'ils avaient trouvé la solution de l'une des propositions d'Euclide.

Oui, certes, elle est monarchique! puisqu'elle consacre les droits et les prérogatives d'un Roi dans la personne d'un Bourbon, tant pour lui que pour ses successeurs. Oui, certes, elle est monarchique pour le bonheur du peuple français, à qui seul une monarchie convient; mais aussi ELLE EST LIBRE, et le préambule de la Charte se crispant dans leurs mains, se tourne contre eux-mêmes hérissé DE TOUTES LES PRÉCAUTIONS prises par Louis XVIII POUR QUE CETTE CHARTE FUT DIGNE DE LUI ET DU PEUPLE AUQUEL IL ÉTAIT FIER DE COMMANDER!!!

N'importe! parmi les lois rendues depuis 1814, il en est dont l'esprit de tendance n'est rien moins que libéral. Nous répondons d'avance à cette objection que toute loi qui aurait pénétré dans nos codes civil, politique ou pénal, en désharmonie avce l'esprit de la Charte, serait le fruit non de l'intention souveraine, mais de l'erreur ou de la mauvaise foi d'un ministre responsable. Toutefois, *dura lex, sed lex*; respect! soumission! Mais nous ne cesserons de penser, comme nous nous obstinerons à le dire : toute proposition législative qui aurait eu ou aurait pour but de restreindre au lieu d'étendre jusqu'aux limites de la loi fondamentale les libertés publiques, n'a pu et ne saurait être faite que parce qu'une auguste confiance aurait été ou serait surprise et trompée par des paroles mensongères.

N'importe encore! si on les laissait faire, ils gouverneraient *constitutionnellement* et *aristocratiquement*; probablement aussi *théocratiquement*.

Aristocratiquement!..., cela est impraticable; on le leur a démontré mieux que nous ne pourrions le faire : la Charte a détruit l'ancien état politique de la France, en maintenant les lois civiles, sauf celles qui ne pourraient s'allier avec la nouvelle organisation sociale qu'elle a créée. Ce n'est point ici comme en Angleterre : parmi nous, il n'y a point de corps de noblesse ni de clergé à la tête desquels on puisse marcher à l'asservissement du trône et des intérêts populaires, car, hors de l'enceinte des deux chambres assemblées, tout est peuple en France; et voilà justement ce qui fait la force de la royauté dont l'opinion publique est, après la Charte, le véritable et le plus ferme soutien. Il y a, il est vrai, des particules, des cordons et des crachats dont distribution est faite en récompense de services rendus au prince et à la patrie; mais de priviléges attachés à ces particules, à ces cordons, à ces crachats, il n'y en a point : toutes ces distinctions sont purement honoriques; c'est ce qui fait que l'on considère, sans leur être hostile, ceux qui les obtiennent.

Comment donc gouverneraient-ils *aristocratiquement?* dans tous les cas, ce ne serait pas *constitutionnellement.*

Au mépris des intérêts matériels et moraux de la société, ils proposeraient une loi contre la division des propriétés qui les met à la gêne dans l'exécution de leur vaste plan, et modifieraient la disposition de nos codes, qui commande une égale répartition de succession entre tous les enfans d'une même famille; ce projet de loi, s'il ne rétablit le droit d'aînesse que la génération nouvelle repousse, que disposera-t-il? les termes assez difficiles à trouver et le secret leur en appartiennent. Toujours est-il qu'avec le temps, de grandes familles, c'est-à-dire, les grandes propriétés, se trouveraient reconstruites. Alors, la misère publique aidant, le patronage des grands et l'ilotisme seraient ainsi rétablis sans secousse, et plus tard, ils aviseraient aux moyens de ressusciter des priviléges pour les grandes familles, si les grandes familles n'osaient pas usurper des priviléges. Nous suivrons leur rêve jusqu'au bout, sans nous embarrasser non plus qu'eux des obstacles.

Nous voyons jusqu'à quel degré d'abrutissement ils tenteraient d'amener cette masse aujourd'hui si belle, si forte, si sage, dans son admirable simplicité; mais enfin, ne restât-il qu'un seul homme qui sût lire, comment leur but pourrait-il être atteint? En un beau jour, je veux dire au jour d'une injustice criante, cet homme (ce sera un rustre si l'on veut, Guillaume Tell n'était qu'un montagnard), cet homme consultera la Charte. L'article 71 suffit; il dispose : « Le Roi fait des nobles à volonté, mais il ne leur accorde que des rangs et des honneurs sans aucune exemption des charges et des devoirs de la société... » Ainsi donc, dans la Charte constitutionnelle, point d'élémens aristocratiques qu'ils puissent faire entrer dans le système de gouvernement qu'ils rêvent!!!

Autre folie : ils donneraient au clergé, nous ne savons quel pouvoir. Malheureux! imprudens! ignorent-ils que là où un pouvoir s'élève, là aussi, de front, s'établit forte et puissante pour l'examen des doctrines, des paroles et des actes, une opposition que commandent irrésistiblement les principes constituans de la nature humaine. Nous écoutons avec entraînement la voix de nos curés; nous nous plaisons à prendre leurs conseils pour guides dans les étroits sentiers de la morale et dans la difficile voie du salut, parce que nous savons que ces conseils, tout paternels, sont dictés par le plus pur désintéressement. Aurions-nous cette confiance entière, s'il nous venait en pensée que ces conseils ne sont dictés qu'en vue d'un pouvoir qui leur aurait été concédé? Le bienfait des instructions religieuses est perdu dès que les paroles descendues de la chaire sont exposées et soumises à l'examen des motifs qui les inspirent.

Qu'ils gardent leurs funestes présens! nos curés les repoussent de toute la force de l'article 5 de la Charte. Contens de la déclaration d'un fait avéré, savoir que la religion catholique, apostolique et romaine est la religion du plus grand nombre en France (1), et que, pour cette raison, on lui doit hommage et respect, ils aiment à voir que l'art. 6 de la Charte, qui donne à leur culte cette prééminence due, suivant l'expression de Louis XVIII, à la foi de leurs pères, est une arme aux mains du gouvernement pour s'opposer aux empiètemens du haut clergé, qui, plus d'une fois, sous l'antique race de nos rois, se montra ambitieux de régenter jusqu'aux têtes couronnées. Point de doute, l'État, en se déclarant catholique, annonce par là qu'il est à portée d'apprécier justement ce que les ministres de son culte doivent se permettre on se défendre hors du sanctuaire et même au-dedans, mais sans toucher au dogme, et seulement pour le maintien de l'ordre public et la conservation des doctrines gallicanes; car c'est au chef de l'État que tout en définitive, soumis aux lois, doit aboutir (2). Nos curés

(1) En effet, qu'est-ce que l'État? une multitude d'hommes réunis par un intérêt commun.

(2) Ainsi, aux termes de la Charte, l'Église est dans l'État,

ne veulent pas d'autres priviléges que celui qui leur est accordé par l'art. 7 de la loi fondamentale, privilége qu'au reste ils partagent avec les pasteurs des autres cultes chrétiens, soigneuse que la Charte a été d'étendre les faveurs du trésor royal à la presque totalité des Français, dans la personne de leurs représentants religieux; et encore, nos curés et nos pasteurs font-ils des vœux pour qu'on soit envers eux économe de ces faveurs; car ils savent que leur divin maître, qui n'avait qu'une besace et un bâton, a dit qu'il était plus facile à un chameau de passer par le trou d'une aiguille, qu'à un riche d'entrer dans le royaume des cieux.... C'est ainsi que la Charte a des précautions contre tous les envahissemens.

SIRE, et vous, NOBLES PAIRS, vous aussi, DÉPUTÉS

et non l'État dans l'Église. Le principe contraire nous conduirait à ces terribles conséquences : que si l'Église catholique, apostolique et romaine jugeait de son intérêt de recommencer le cours de cette intolérance inquisitoriale et de ces persécutions qui, à tant de reprises, ont ensanglanté les pages du christianisme, les agens du pouvoir exécutif en France seraient forcés de prendre le mot d'ordre de Rome, et de faire croiser baïonnette contre tous ceux qui ne professent pas la religion de l'État. Non, un tel principe, avec ses horribles conséquences, ne sommeille point dans la Charte!

des départemens, vous, les élus des soixante mille, daignez nous entendre : nous avons juré D'ÊTRE FIDÈLES AU ROI, A LA CHARTE CONSTITUTIONNELLE ET AUX LOIS DU ROYAUME, quelque chose qui arrive, tombent même sur nous les foudres d'un ministère *déplorable* ou *épouvantable*, il ne sera pas rompu, ce lien qui unit le monarque avec la nation; soumis aux agens du pouvoir exécutif dans le cercle étroit de leurs attributions légales, nous saurons tenir notre serment tout entier, mais tout entier.

Nous ne signalons personne individuellement; les hommes et les noms ne sont rien pour nous; les choses seules sont tout; car les hommes passent et les choses restent. C'est à vous qu'il appartient spécialement de juger et les hommes et les choses. Un grand débat, dit-on, va s'ouvrir; la France, revenue d'une première stupeur, est encore inquiète; ce qui nous rassure, c'est que le monarque veille. Toutefois, SIRE, NOBLES PAIRS et DÉPUTÉS, dans ces impérieuses circonstances, nous avons cru devoir élever nos voix jusqu'à vous, pour vous conjurer de prendre en haute considération la respectueuse supplique que nous vous adressons, de ne pas perdre un seul instant de vue la loi fondamentale, et de regarder attentivement de quel côté sont ses amis, de quel côté ses ennemis. Songez-y, la cause nationale, monarchique et constitutionnelle, ne peut triompher que par l'esprit de la Charte à laquelle tous les Français se sont franchement ralliés, hormis une faction très-faible, mais indisciplinable, qui, depuis quinze années, n'a cessé de la combattre pour l'anéantir. Si nous en croyons des bruits sinistres, ses hommes sont prêts pour le triomphe de son système dévastateur, d'après lequel tout serait remis en question. Elle rêve, dit-on, des coups d'état; mais nous avons confiance aux destinées de la France et de la monarchie constitutionnelle. Des coups d'état!... *Abyssus, abyssum invocat.* D'ailleurs, le fer en est l'unique appui, et Charles X a dit : « PLUS DE HALLEBARDES. »

Que si en révolte ouverte contre le monarque, elle parvenait à dominer ceux auxquels l'exercice du pouvoir aurait été confié, et les incitant à fouler aux pieds les lois existantes, elle compromettait la sûreté, de l'État en appelant au secours de leurs mesures illégales les baïonnettes étrangères, à défaut des baïonnettes françaises, renversées par la volonté royale, le Roi, qui aux termes de l'article 14 de la Charte, « fait les règlemens et ordonnances nécessaires pour l'exécution des lois et la sûreté de l'État, » aurait bientôt, dans ce cas prévu par la Charte, qui a tout prévu, repoussé l'étranger et forcé ses sujets rebelles à se soumettre à ces lois que nulle puissance humaine ne saurait détruire ou suspendre, si ce n'est l'expression légale des trois branches du pouvoir législatif. VIVE LE ROI! VIVE LA CHARTE!

FIN.

DÉCLARATION DU ROI.

LOUIS, par la grâce de Dieu, Roi de France et de Navarre,

A tous ceux qui ces présentes verront, Salut :

Rappelé par l'amour de notre peuple au trône de nos pères, éclairé par les malheurs de la nation que nous sommes destinés à gouverner, notre première pensée est d'invoquer cette confiance mutuelle si nécessaire à notre repos, à son bonheur.

Après avoir lu attentivement le plan de constitution proposé par le sénat dans la séance du 6 avril dernier, nous avons reconnu que les bases en étaient bonnes, mais qu'un grand nombre d'articles portant l'empreinte de la précipitation avec laquelle ils ont été rédigés, ils ne peuvent, dans leur forme actuelle, devenir lois fondamentales de l'État.

Résolu d'adopter une constitution libérale, nous voulons qu'elle soit sagement combinée, et ne pouvant en accepter une qu'il est indispensable de rectifier, nous convoquons pour le 10 du mois de juin de la présente année, le sénat et le corps-législatif, nous engageant à mettre sous leurs yeux le travail que nous aurons fait avec une commission choisie dans le sein de ces deux corps, et à donner pour base à cette constitution les garanties suivantes :

Le gouvernement représentatif sera maintenu tel qu'il existe aujourd'hui, divisé en deux corps, savoir :

Le sénat et la chambre composée des députés des départemens.

L'impôt sera librement consenti.

La liberté publique et individuelle assurée.

La liberté de la presse respectée, sauf les précautions nécessaires à la tranquillité publique.

La liberté des cultes garantie.

Les propriétés seront inviolables et sacrées ; la vente des biens nationaux restera irrévocable.

Les ministres responsables pourront être poursuivis par une des chambres législatives et jugés par l'autre.

Les juges seront inamovibles et le pouvoir judiciaire indépendant.

La dette publique sera garantie; les pensions, grades, honneurs militaires, seront conservés, ainsi que l'ancienne et la nouvelle noblesse.

La légion-d'honneur, dont nous déterminerons la décoration, sera maintenue.

Tout Français sera admissible aux emplois civils et militaires.

Enfin, nul individu ne pourra être inquiété pour ses opinions et ses votes.

Fait à Saint-Ouen, le 2 mai 1814.

Signé LOUIS.

CHARTE

CONSTITUTIONNELLE.

LOUIS, par la grâce de Dieu, ROI DE FRANCE ET DE NAVARRE,

A tous ceux qui ces présentes verront, SALUT :

La divine Providence, en nous rappelant dans nos États après une longue absence, nous a imposé de grandes obligations. La paix était le premier besoin de nos sujets : nous nous en sommes occupés sans relâche; et cette paix, si nécessaire à la France comme au reste de l'Europe, est signée. Une Charte constitutionnelle était sollicitée par l'état actuel du royaume, nous l'avons promise, et nous la publions. Nous avons considéré que, bien que l'autorité tout entière résidât en France dans la personne du Roi, nos prédécesseurs n'avaient point hésité à en modifier l'exercice, suivant la différence des temps; que c'est ainsi que les communes ont dû leur affranchissement à Louis-le-Gros, la confirmation et l'extension de leurs droits à Saint-Louis et à Philippe-le-Bel; que l'ordre judiciaire a été établi et développé par les lois de Louis XI, de Henri II et de Charles IX; enfin, que Louis XIV a réglé presque toutes les parties de l'administration publique par différentes ordonnances, dont rien encore n'avait surpassé la sagesse.

Nous avons dû, à l'exemple des rois, nos prédécesseurs, apprécier les effets des progrès toujours croissants des lumières, les rapports nouveaux que ces progrès ont introduits dans la société, la direction imprimée aux esprits depuis un demi-siècle, et les graves altérations qui en sont résultées: nous avons reconnu que le vœu de nos sujets, pour une Charte constitutionnelle était l'expression d'un besoin réel; mais, en cédant à ce vœu, nous avons pris toutes les précautions pour que cette Charte fût digne de nous et du peuple auquel nous sommes fiers de commander. Des hommes sages, pris dans les premiers corps de l'État, se sont réunis à des commissaires de notre conseil, pour travailler à cet important ouvrage.

En même temps que nous reconnaissions qu'une

constitution libre et monarchique devait remplir l'attente de l'Europe éclairée, nous avons dû nous souvenir aussi que notre premier devoir envers nos peuples était de conserver, pour leur propre intérêt, les droits et les prérogatives de notre couronne. Nous avons espéré qu'instruits par l'expérience, ils seraient convaincus que l'autorité suprême peut seule donner aux institutions qu'elle établit, la force, la permanence et la majesté dont elle est elle-même revêtue; qu'ainsi, lorsque la sagesse des rois s'accorde librement avec le vœu des peuples, une Charte constitutionnelle peut être de longue durée; mais que, quand la violence arrache des concessions à la faiblesse du Gouvernement, la liberté publique n'est pas moins en danger que le trône même. Nous avons enfin cherché les principes de la Charte constitutionnelle dans le caractère français, et dans les monumens vénérables des siècles passés. Ainsi, nous avons vu, dans le renouvellement de la pairie, une institution vraiment nationale, et qui doit lier tous les souvenirs à toutes les espérances, en réunissant les temps anciens et les temps modernes.

Nous avous remplacé, par la Chambre des députés, ces anciennes assemblées des Champs de Mars et de Mai, et ces Chambres du tiers-état, qui ont si souvent donné tout à la fois des preuves de zèle pour les intérêts du peuple, de fidélité et de respect pour l'autorité des rois. En cherchant ainsi à renouer la chaîne des temps, que de funestes écarts avaient interrompue, nous avons effacé de notre souvenir, comme nous voudrions qu'on pût les effacer de l'histoire, tous les maux qui ont affligé la patrie durant notre absénce. Heureux de nous retrouver au sein de la grande famille, nous n'avons su répondre à l'amour dont nous recevons tant de témoignages, qu'en prononçant des paroles de paix et de consolation.

Le vœu le plus cher à notre cœur, c'est que tous les Français vivent en frères, et que jamais aucun souvenir amer ne trouble la sécurité qui doit suivre l'acte solennel que nous leur accordons aujourd'hui.

Sûrs de nos intentions, forts de notre conscience, nous nous engageons, devant l'assemblée qui nous écoute, à être fidèles à cette Charte constitutionnelle, nous réservant d'en jurer le maintien, avec une nouvelle solennité, devant les autels de celui qui pèse dans la même balance les rois et les nations.

A ces causes,

Nous avons volontairement, et par le libre exercice de notre autorité royale, accordé et accordons, fait CONCESSION ET OCTROI à nos sujets, tant pour nous que pour nos successeurs, et à toujours, de la Charte constitutionnelle qui suit :

Droit public des Français.

Art. 1er Les Français sont égaux devant la loi, quels que soient d'ailleurs leurs titres et leurs droits.

2. Ils contribuent indistinctement, dans la proportion de leur fortune, aux charges de l'État.

3. Ils sont tous également admissibles aux emplois civils et militaires.

4. Leur liberté individuelle est également garantie, personne ne pouvant être poursuivi ni arrêté que dans les cas prévus par la loi, et dans la forme qu'elle prescrit.

5. Chacun professe sa religion avec une égale liberté, et obtient ponr son culte la même protection.

6. Cependant, la religion catholique, apostolique et romaine, est la religion de l'État.

7. Les ministres de la religion catholique, apostolique et romaine, et ceux des autres cultes chrétiens, reçoivent seuls des traitemens du trésor royal.

8. Les Français ont le droit de publier et de faire

imprimer leurs opinions, en se conformant aux lois qui doivent réprimer les abus de cette liberté.

9. Toutes les propriétés sont inviolables, sans sucune exception de celles qu'on appelle *nationales*, la loi ne mettant aucune différence entre elles.

10. L'État peut exiger le sacrifice d'une propriété, pour cause d'intérêt public légalement constaté, mais avec une indemnité préalable.

11. Toutes recherches des opinions et votes émis jusqu'à la restauration, sont interdites. Le même oubli est commandé aux tribunaux et aux citoyens.

12. La conscription est abolie. Le mode de recrutement de l'armée de terre et de mer est déterminé par une loi.

Formes du Gouvernement du Roi.

13. La personne du Roi est inviolable et sacrée. Ses ministres sont responsables. Au Roi seul appartient la puissance exécutive.

14. Le Roi est le chef suprême de l'État, commande les forces de terre et de mer, déclare la guerre, fait les traités de paix, d'alliance et de commerce, nomme à tous les emplois d'administration publique et fait les réglemens et ordonnances nécessaires pour l'exécution des lois et la sûreté de l'État.

15. La puissance législative s'exerce collectivement par le Roi, la Chambre des pairs et la Chambre des députés des départemens.

16. Le Roi propose la loi.

17. La proposition de la loi est portée, au gré du Roi, à la Chambre des pairs ou à celle des députés, excepté la loi de l'impôt, qui doit être adressée d'abord à la Chambre des députés.

18. Toute loi doit être discutée et votée librement par la majorité de chacune des deux Chambres.

19. Les Chambres ont la faculté de supplier le Roi de proposer une loi sur quelque objet que ce soit, et d'indiquer ce qu'il leur paraît convenable que la loi contienne.

20. Cette demande pourra être faite par chacune des deux Chambres, mais après avoir été discutée en comité secret : elle ne sera envoyée à l'autre Chambre par celle qui l'aura proposée, qu'après un délai de dix jours.

21. Si la proposition est adoptée par l'autre Chambre, elle sera mise sous les yeux du Roi ; si elle est rejetée, elle ne pourra être représentée dans la même session.

22. Le Roi seul sanctionne et promulgue les lois.

23. La liste civile est fixée, pour toute la durée du

règne, par la première législature assemblée depuis l'avénement du Roi.

De la Chambre des Pairs.

24. La Chambre des pairs est une portion essentielle de la puissance législative.

25. Elle est convoquée par le Roi en même temps que la Chambre des députés des départemens. La session de l'une commence et finit en même temps que celle de l'autre.

26. Toute assemblée de la Chambre des pairs qui serait tenue hors du temps de la session de la Chambre des députés, ou qui ne serait pas ordonnée par le Roi, est illicite et nulle de plein droit.

27. La nomination des pairs de France appartient au Roi. Leur nombre est illimité : il peut en varier les dignités, les nommer à vie ou les rendre héréditaires, selon sa volonté.

28. Les pairs ont entrée dans la Chambre à vingt-cinq ans, et voix délibérative à trente ans seulement.

29. La Chambre des pairs est présidée par le chancelier de France, et, en son absence, par un pair nommé par le Roi.

30. Les membres de la famille royale et les princes

du sang sont pairs par le droit de leur naissance. Ils siégent immédiatement après le président ; mais ils n'ont voix délibérative qu'à vingt-cinq ans.

31. Les princes ne peuvent prendre séance à la Chambre que de l'ordre du Roi, exprimé pour chaque session par un message, à peine de nullité de tout ce qui aurait été fait en leur présence.

32. Toutes les délibérations de la Chambre des pairs sont secrètes.

33. La Chambre des pairs connaît des crimes de haute trahison et des attentats à la sûreté de l'État, qui seront définis par la loi.

34. Aucun pair ne peut être arrêté que de l'autorité de la Chambre, et jugé que par elle en matière criminelle.

De la Chambre des Députés des Départemens.

35. La Chambre des députés sera composée des députés élus par les colléges électoraux dont l'organisation sera déterminée par des lois.

36. Chaque département aura le même nombre de députés qu'il a eu jusqu'à présent.

37. Les députés seront élus pour cinq ans, et de manière que la Chambre soit renouvelée chaque année par cinquième.

38. Aucun député ne peut être admis dans la Chambre, s'il n'est âgé de quarante ans, et s'il ne paie une contribution directe de mille francs.

39. Si néanmoins il ne se trouvait pas dans le département cinquante personnes de l'âge indiqué, payant au moins mille francs de contributions directes, leur nombre sera complété par les plus imposés au-dessous de mille francs, et ceux-ci pourront être élus concurremment avec les premiers.

40. Les électeurs qui concourent à la nomination des députés, ne peuvent avoir droit de suffrage, s'ils ne paient une contribution directe de trois cents francs, et s'ils ont moins de trente ans.

41. Les présidens des colléges électoraux seront nommés par le Roi, et de droit membres du collége.

42. La moitié au moins des députés sera choisie parmi des éligibles qui ont leur domicile politique dans le département.

43. Le président de la Chambre des députés est nommé par le Roi, sur une liste de cinq membres présentée par la Chambre.

44. Les séances de la Chambre sont publiques; mais la demande de cinq membres suffit pour qu'elle se forme en comité secret.

45. La Chambre se partage en bureaux pour dis-

cuter les projets qui lui ont été présentés de la part du Roi.

46. Aucun amendement ne peut être fait à une loi, s'il n'a été proposé ou consenti par le Roi, et s'il n'a été renvoyé et discuté dans les bureaux.

47. La Chambre des députés reçoit toutes les propositions d'impôts ; ce n'est qu'après que ces propositions ont été admises, qu'elles peuvent être portées à la Chambre des pairs.

48. Aucun impôt ne peut être établi ni perçu, s'il n'a été consenti par les deux Chambres et sanctionné par le Roi.

49. L'impôt foncier n'est consenti que pour un an. Les impositions indirectes peuvent l'être pour plusieurs années.

50. Le Roi convoque chaque année les deux Chambres : il les proroge, et peut dissoudre celle des députés des départemens ; mais, dans ce cas, il doit en convoquer une nouvelle dans le délai de trois mois.

51. Aucune contrainte par corps ne peut être exercée contre un membre de la Chambre, durant la session, et dans les six semaines qui l'auront précédée ou suivie.

52. Aucun membre de la Chambre ne peut, pendant la durée de la session, être poursuivi ni arrêté

en matière criminelle, sauf le cas de flagrant délit, qu'après que la Chambre a permis sa poursuite.

53. Toute pétition à l'une ou à l'autre des Chambres, ne peut être faite et présentée que par écrit. La loi interdit d'en apporter en personne et à la barre.

Des Ministres.

54. Les ministres peuvent être membres de la Chambre des pairs ou de la Chambre des députés. Ils ont en outre leur entrée dans l'une ou l'autre Chambre, et doivent être entendus quand ils le demandent.

55. La Chambre des députés a le droit d'accuser les ministres, et de les traduire devant la Chambre des pairs, qui seule a celui de les juger.

56. Ils ne peuvent être accusés que pour fait de trahison ou de concussion. Des lois particulières spécifieront cette nature de délits, et en détermineront la poursuite.

De l'Ordre judiciaire.

57. Toute justice émane du Roi. Elle s'administre en son nom par des juges qu'il nomme et qu'il institue.

58. Les juges nommés par le Roi sont inamovibles.

59. Les cours et tribunaux ordinaires actuellement existants sont maintenus. Il n'y sera rien changé qu'en vertu d'une loi.

60. L'institution actuelle des juges de commerce est conservée.

61. La justice de paix est également conservée. Les juges de paix, quoique nommés par le Roi, ne sont point inamovibles.

62. Nul ne pourra être distrait de ses juges naturels.

63. Il ne pourra, en conséquence, être créé de commissions et tribunaux extraordinaires. Ne sont pas comprises sous cette dénomination les juridictions prévôtales, si leur rétablissement est jugé nécessaire.

64. Les débats seront publics en matière criminelle, à moins que cette publicité ne soit dangereuse pour l'ordre et les mœurs; et, dans ce cas, le tribunal le déclare par un jugement.

65. L'institution des jurés est conservée. Les changemens qu'une plus longue expérience ferait juger nécessaires, ne peuvent être effectués que par une loi.

66. La peine de la confiscation des biens est abolie, et ne pourra être rétablie.

67. Le Roi a le droit de faire grâce, et celui de commuer les peines.

68. Le Code civil et les lois actuellement existantes qui ne sont pas contraires à la présente Charte, restent en vigueur jusqu'à ce qu'il y soit légalement dérogé.

Droits particuliers garantis par l'État.

69. Les militaires en activité de service, les officiers et soldats en retraite, les veuves, les officiers et soldats pensionnés, conserveront leurs grades, honneurs et pensions.

70. La dette publique est garantie. Toute espèce d'engagement pris par l'État avec ses créanciers, est inviolable.

71. La noblesse ancienne reprend ses titres. La nouvelle conserve les siens. Le Roi fait des nobles à volonté; mais il ne leur accorde que des rangs et des honneurs, sans aucune exemption des charges et des devoirs de la société.

72. La Légion d'honneur est maintenue. Le Roi déterminera les réglemens intérieurs et la décoration.

73. Les colonies seront régies par des lois et réglemens particuliers.

74. Le Roi et ses successeurs jureront, dans la solennité de leur sacre, d'observer fidèlement la présente Charte constitutionnelle.

Articles transitoires.

75. Les députés des départemens de France qui siégeaient au Corps législatif, lors du dernier ajournement, continueront à siéger à la Chambre des députés, jusqu'à remplacement.

76. Le premier renouvellement d'un cinquième de la Chambre des députés, aura lieu au plus tard en l'année 1816, suivant l'ordre établi entre les séries.

Nous ordonnons que la présente Charte constitutionnelle, mise sous les yeux du Sénat et du Corps législatif, conformément à notre proclamation du 2 mai, sera envoyée incontinent à la Chambre des pairs et à celle des députés.

Donné à Paris, l'an de grâce 1814, et de notre règne le dix-neuvième.

Signé, LOUIS; et plus bas, L'ABBÉ DE MONTESQUIOU. Visa, *signé* DAMBRAY.

FIN.

www.ingramcontent.com/pod-product-compliance
Lightning Source LLC
LaVergne TN
LVHW010059230826
846091LV00005B/2010

* 9 7 8 2 0 1 2 3 9 3 7 8 3 *